TAGE DER STILLE

Cordula Groth

TAGE DER STILLE

Herder Freiburg · Basel · Wien

Alle Rechte vorbehalten – Printed in Germany
© Verlag Herder Freiburg im Breisgau 1999
Satz: Layoutsatz Kendlinger
Reproduktionen: Reprographia GmbH, Lahr
Herstellung: Druckerei Uhl GmbH & Co., Radolfzell 1999
ISBN 3-451-26936-8

Es ist mitunter,
als wären alle Fäden abgeschnitten ...
als wäre alles um dich her
weitab und leer,
ein toter Raum,
und du dir selbst ein fremder Traum ...

als käme nie die Sonne wieder,
als klänge nie ein Lied mehr durch,
als höre alles langsam auf ...

und plötzlich flimmert's durch die Wolken
und plötzlich trifft ein Klang ans Ohr
und leise fliegt auf goldenem Flügel
ein Schmetterling am Weg empor!

Cäsar Flaischlen

Dort gibt es verkommene Disteln mit kleinen violetten, traurigen Köpfen, Disteln, die so, ohne zu überlegen, in die Höhe gewachsen sind, Birken sind dort, die ganz schütter sind, und vielleicht sind sie's den ganzen Sommer gewesen –, aber jetzt sieht es so aus, als wären sie mit Absicht und Freude so, und die Wolken ziehn hinter ihnen, und man sieht alles durch sie durch, was in den Himmeln geschieht. Und es geht so ein nachdenklicher, welker Duft umher wie von Blumen, die die Sonne getrocknet und die der Wind gepreßt hat, und es ist Herbst. Und deshalb gehe ich jetzt oft dort auf und nieder und meide den Platz unterm Nußbaum und alle meine sommerlichen Wege; denn ich will den Herbst!

Rainer Maria Rilke

Man muß in sich selber leben
und an das *ganze* Leben denken,
an alle seine Millionen Möglichkeiten,
Weiten und Zukünfte, denen gegenüber
es nichts Vergangenes und Verlorenes gibt.

Rainer Maria Rilke

Aber all diese Unrast ist recht töricht. Du hast doch zu jeder beliebigen Stunde des Tages die Möglichkeit, dich in dich selbst zurückzuziehen! Es gibt ja nirgends eine ruhigere und ungestörtere Stätte, zu der ein Mensch flüchten könnte, als die eigene Seele, vor allem für den Menschen, der in seinem Innern die Werte trägt, deren Betrachtung ihm augenblicklich Erleichterung gewährt. Mit dieser Erleichterung meine ich nichts anderes als die Wiederherstellung des inneren Gleichgewichtes. Gönne dir also ständig diese stille Einkehr, und erneuere dich selbst!

Marc Aurel

VINO

Schönheit wird aus der Harmonie geboren. Was ist Harmonie? Harmonie ist das rechte Verhältnis der Dinge und Wesen zueinander oder auch der rechte Rhythmus. Und was ist Leben? Leben ist die Folge von Harmonie. Im Hintergrund der ganzen Schöpfung ist Harmonie, und das Geheimnis der ganzen Schöpfung ist Harmonie. Intelligenz verlangt danach, die Vollkommenheit der Harmonie zu erreichen. Was der Mensch Glück, Wohlbehagen, Gewinn nennt, alles, wonach er sich sehnt und was er sich wünscht, ist, Harmonie zu erlangen. Selbst in dem Streben nach den allerweltlichsten Dingen wünscht er Harmonie. Nur wendet er häufig nicht die richtigen Methoden an.
Der erreichte Gegenstand bleibt bei guten oder schlechten Methoden der gleiche, aber die Art, mit der man ihn zu erlangen versucht, kann recht oder falsch sein.
Niemand, in welchem Abschnitt seines Lebens er auch ist, wünscht sich Disharmonie, denn alles Leiden, alle Schmerzen und Sorgen sind Mangel an Harmonie.

Hazrat Inayat Khan

Arbeite, aber nicht so,
als wäre die Arbeit eine Strafe,
oder wie ein Mensch,
dem es um Mitleid oder Bewunderung zu tun ist;
nur das eine sollst du wollen:
deine Kräfte regen und ruhen lassen,
wie es die Rücksicht auf die Gemeinschaft verlangt.

Marc Aurel

Gemeinhin mißt man den Fortschritt der Menschheit an ihren technischen und wissenschaftlichen Errungenschaften, wobei man annimmt, die Zivilisation führe zum Glück. Das ist falsch. Das menschliche Glück kann durch Wissenschaft – Zivilisation und Kultur ebensowenig vermehrt werden, wie sich bewirken läßt, daß eine Wasseroberfläche an der einen Stelle höher ist als an der anderen. Vermehrung des menschlichen Glücks wird nur durch Vermehrung der Liebe möglich, die ihrem Wesen nach alle Menschen gleichmacht. Glück entsteht nur durch Vermehrung der Liebe.

Lew Nikolajewitsch Tolstoi

Fallecio dia 9-1-1987
a la edad de 99 años

Aus der Zeit wollt ihr einen Strom machen, an dessen Ufern ihr euch niederlasset, um ihn im Vorbeifließen zu überwachen.

Doch das Zeitlose in euch weiß um die Zeitlosigkeit des Lebens,
Und es weiß, daß Gestern nur die Erinnerung an Heute ist,
und Morgen nur der Traum von Heute,
Und daß, was in euch singt und sinnt, immer noch verweilet in den Grenzen jenes ersten Augenblickes, der die Gestirne in den Raum gestreut.

Khalil Gibran

Die Fotografien zu diesem Buch entstanden auf der liparischen Insel Alicudi.

Die Fotografin

Cordula Groth, geboren 1948 in Berlin, erhielt ihre Ausbildung als Fotografin durch den Berliner Fotojournalisten Wolfgang Schiche. Erste Erfolge erzielte sie bei Fotowettbewerben und internationalen Ausstellungen. Seit einigen Jahren ist sie als Fotografin des Berliner Philharmonischen Orchesters tätig. Ihre Portraitfotografien namhafter Dirigenten und Musiker erschienen in zahlreichen Fotobänden, Magazinen und Plakaten.